악 선비님, 24절기가 뭐예요?

글·그림 무웅

파란정원

작가의 말

"아직 5월인데, 왜 이렇게 더워?"
"추석이 지났는데도 아직 반팔이라니?"
"요즘 날씨가 너무 이상해."

이상 기후 때문인지 요즘 날씨에 대한 관심이 무척 많아졌습니다. 매일 아침 일기 예보를 확인하는 것 또한 습관이 되었지요. 어느 날, 날씨를 확인하다 문득 그 옛날 조상님들은 날씨와 계절의 변화를 어떻게 알 수 있었을까?라는 의문이 들었습니다.

그 답은 너무도 가까운 곳에 있었습니다. 우리가 매일 보는 달력에 적힌 24절기였지요. 입춘, 곡우, 소서, 한로, 소한, 대한…… 이 절기들이 담고 있는 뜻을 알고 나니 계절의 흐름이 한눈에 보이기 시작했습니다.

《학 선비님, 24절기가 뭐예요?》에서는 절기마다 바뀌는 날씨와 계절과 자연의 변화, 그에 따라 달라지는 음식과 풍습을 귀여운 학 선비가 재미있게 알려 줍니다. 24절기를 따라 한 장 한 장 넘기다 보면 우리 친구들도 절기에 따라 자연을 느끼고 다가올 계절의 변화를 기다리게 될 거예요.

학 선비 **무웅**

차례

파릇파릇 봄

- **01 입춘** 立春 ··· 16
  계절을 알리는 24절기 속담
- **02 우수** 雨水 ··· 22
  계절을 알리는 24절기 속담
- **03 경칩** 驚蟄 ··· 28
  계절을 알리는 24절기 속담
- **04 춘분** 春分 ··· 34
  계절을 알리는 24절기 속담
- **05 청명** 淸明 ··· 40
  계절을 알리는 24절기 속담
- **06 곡우** 穀雨 ··· 46
  계절을 알리는 24절기 속담

퐁당퐁당 여름

- **07 입하** 立夏 ··· 54
  계절을 알리는 24절기 속담
- **08 소만** 小滿 ··· 60
  계절을 알리는 24절기 속담
- **09 망종** 芒種 ··· 66
  계절을 알리는 24절기 속담
- **10 하지** 夏至 ··· 72
  계절을 알리는 24절기 속담
- **11 소서** 小暑 ··· 78
  계절을 알리는 24절기 속담
- **12 대서** 大暑 ··· 84
  계절을 알리는 24절기 속담

바스락바스락 가을

13 입추 立秋 ···· 92
계절을 알리는 24절기 속담

14 처서 處暑 ···· 98
계절을 알리는 24절기 속담

15 백로 白露 ···· 104
계절을 알리는 24절기 속담

16 추분 秋分 ···· 110
계절을 알리는 24절기 속담

17 한로 寒露 ···· 116
계절을 알리는 24절기 속담

18 상강 霜降 ···· 122
계절을 알리는 24절기 속담

소복소복 겨울

19 입동 立冬 ···· 130
계절을 알리는 24절기 속담

20 소설 小雪 ···· 136
계절을 알리는 24절기 속담

21 대설 大雪 ···· 142
계절을 알리는 24절기 속담

22 동지 冬至 ···· 148
계절을 알리는 24절기 속담

23 소한 小寒 ···· 154
계절을 알리는 24절기 속담

24 대한 大寒 ···· 160
계절을 알리는 24절기 속담

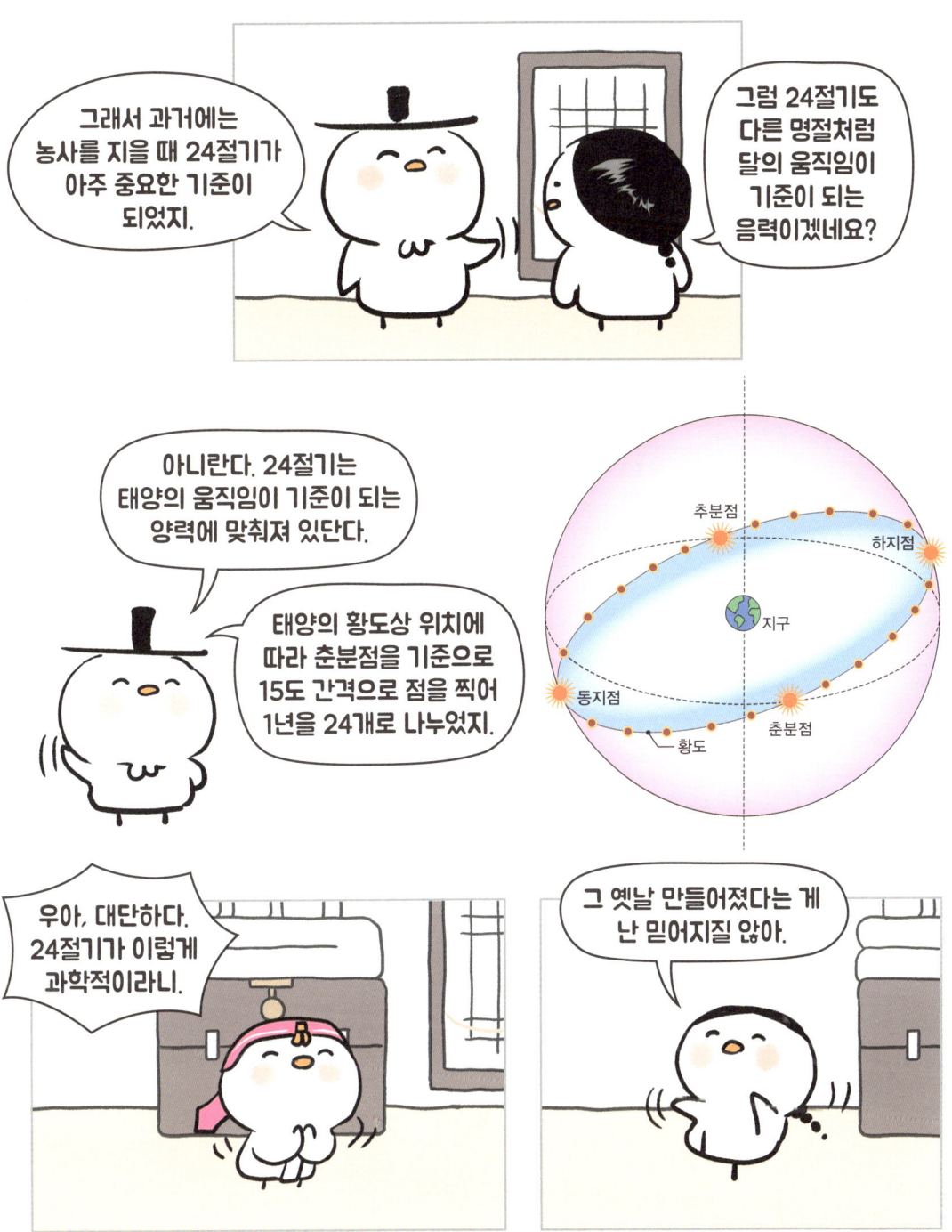

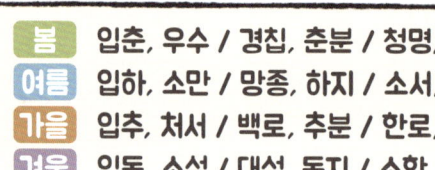

절기마다 하는 일이 다르다고?

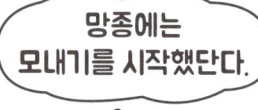

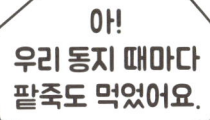

파릇파릇
봄

01 입춘

立春

양력 2월 4일경

봄이 시작되는 절기예요. 봄이 시작되었지만 아직 날씨가 추워 완연한 봄을 느낄 수는 없어요. 언 땅을 뚫고 파릇파릇 햇나물이 돋기 시작해 향긋한 봄나물을 맛볼 수 있지요.

오신반 다섯 가지 매운맛의 채소로 만든 음식
(파, 달래, 부추, 여뀌, 겨자, 미나리, 무싹 등)

계절을 알리는  24절기 속담

입춘 추위는 꿔다 해도 한다

입춘 무렵에 꼭 추위가 온다는 말이에요. '입춘 거꾸로 붙였나'는 봄이 시작되었건만 다시 찾아온 추위에 계절이 거꾸로 간다는 의미로 사용해요.

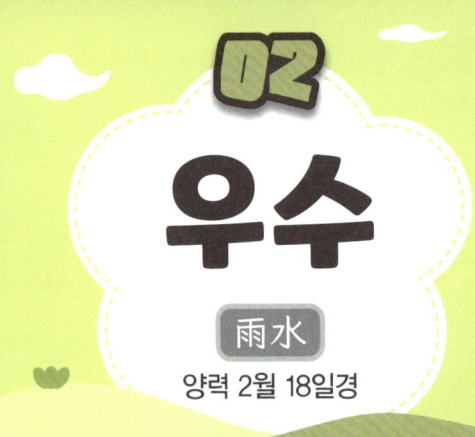

우수

雨水

양력 2월 18일경

따뜻해진 날씨에 눈이 녹아서 비가 된다는 절기예요. 우수가 되면 봄 농사를 준비하며 밭두렁을 태우기도 하고, 작년에 받아 둔 종자를 고르기도 해요. 건조한 날씨에 밭두렁을 태우다 화재가 발생하기도 해요.

우수 경칩에 대동강 물이 풀린다

우수와 경칩을 지나면 봄기운으로 얼었던 대동강 물이 녹는다는 말이에요. 아직 사람들은 느끼지 못하지만, 자연은 새로운 계절을 준비하고 있지요.

우수 뒤에 얼음같이

천천히 녹아 사라진다는 말이에요. 시나브로라는 우리말처럼 모르는 사이에 조금씩 조금씩 사라지는 것을 말해요.

경칩

驚蟄

양력 3월 5일경

겨울잠을 자던 동물들이 깨어나 꿈틀거리기 시작하는 절기예요. 경칩에는 풍년을 기원하며 선농제라는 제사를 지내기도 하고, 또 몸이 건강해지기를 바라며 개구리알이나 도롱뇽알을 먹기도 했어요.

경칩 지난 게로군

겨울잠에서 깨어나 활기차게 움직이는 동물들처럼 입을 닫고 말하지 않던 사람이 입을 열어 말하기 시작했다는 말이에요.

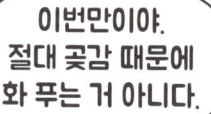

경칩이 되면 삼라만상이 겨울잠을 깬다

경칩이 되면 겨울 동안 잠들어 있던 생명들이 겨울잠에서 깨어나 봄을 준비한다는 말이에요. 곧 초록빛 세상이 펼쳐질 거예요.

04 춘분

春分

양력 3월 21일경

낮과 밤의 길이가 거의 같은 날로 이후 낮이 점점 길어지기 시작하는 절기예요. 옛날에는 본격적인 농사가 시작되기 전인 춘분에 머슴떡을 만들어 일꾼들에게 한 해 농사를 부탁하며 나눠 먹었다고 해요. 가정에서는 나이떡을 만들어 먹었어요.

오빠, 혹시 이거 알아?

뭐? 나야 모르는 거 빼고 다 알지. 히히.

오늘이 춘분이잖아. 글쎄 춘분엔 낮과 밤의 길이가 같대.

정말? 믿을 수 없어! 내가 직접 확인해야겠어.

학아, 무엇을 확인한다는 것이냐?

춘분 꽃샘에 설늙은이 얼어 죽는다

봄이 시작되었지만, 꽃샘추위처럼 아직 날씨가 춥다는 말이에요.

05 청명

清明

양력 4월 5일경

본격적인 봄이 시작되며 꽃이 피기 시작하는 절기예요. 청명에는 명절 한식과 가까워 찬 음식을 먹고, 성묘하러 가서 조상의 산소를 돌보기도 하지요. 논갈이와 밭갈이로 논밭의 흙을 고르며 농사도 준비해요.

청명에는 부지깽이를 꽂아도 싹이 난다

막대기 부지깽이에서 싹이 날 만큼 무엇을 심어도 청명에는 잘 자란다는 말이에요. '한식에 죽으나 청명에 죽으나'는 언제 해도 같다는 말이에요.

06 곡우

穀雨

양력 4월 20일경

봄비가 내려 온갖 곡식이 물을 먹어 싱싱하고 윤택하게 잘 자라는 절기예요. 본격적으로 농사철이 시작되지요. 곡우쯤 조기는 맛이 제일 좋아 '곡우사리'라는 이름으로 불리기도 해요.

금줄 부정한 것을 막기 위해 신성한 대상물에 매는 새끼줄

곡우에 가물면 땅이 석 자가 마른다

농사가 시작되어 물이 많이 필요한 곡우에 가뭄이 들면 그해 농사를 망치게 된다는 말이에요.

곡우가 넘어야 조기가 운다

곡우쯤 산란기를 맞는 조기는 이때 알이 차고 살이 연해 가장 맛있어서 곡우가 지나서 조기를 잡는 게 좋다는 말이에요.

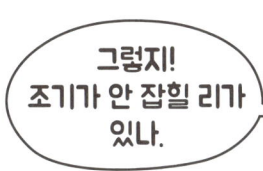

퐁당퐁당
여름

입하
立夏
양력 5월 5일경

여름이 시작되는 절기예요. 봄꽃이 피고 지고, 점점 잡초가 무성하게 자라며 해충들도 많아져요. 소나무 꽃도 활짝 피어 송홧가루가 날려 온 세상이 노랗게 물들어 알레르기를 일으키기도 하지요.

입하물에 써레 싣고 나온다

'입하 바람에 씻나락 몰린다' 두 속담 모두 곧 시작될 모내기를 준비한다는 말이에요.

08 소만

小滿

양력 5월 21일경

만물이 쑥쑥 자라 풍성하게 가득 차는 절기예요. 아카시아 꽃이 활짝 피어 꿀벌들이 꿀을 따기 위해 이리저리 바삐 움직여요. 하지만 옛날 사람들은 묵은 곡식이 떨어지는 이때를 보릿고개라 하여 햇보리가 나오기 전까지 굶주려야 했어요.

계절을 알리는 24절기 속담

소만 바람에 설늙은이 얼어 죽는다

여름이 시작되는 입하도 지났건만 아직 바람이 차고 쌀쌀하다는 말이에요. 낮에는 햇볕으로 덥게 느껴지지만, 아침저녁에는 아직 쌀쌀한 바람이 불어요.

오늘은 꾀부리지 않고, 농사일을 열심히 도와야지.

날씨가 따뜻한가?

아니, 좀 추운 것도 같아.

아버지께서 소만 바람에 설늙은이 얼어 죽는다고 하셨어. 하나만 더 입자….

이제 다 입었다. 어서 가서 도와야지.

뒤뚱 뒤뚱

아버지, 전 무엇을 할까요?

망종

芒種

양력 6월 6일경

보리가 익어 햇보리를 수확하고, 모내기를 시작하는 절기예요. 망종은 벼, 보리처럼 낟알 껍질에 깔끄러운 수염이 붙은 곡식을 말하기도 해요. 이때부터는 농사일이 무척 바빠지는 시기랍니다.

보리는 망종 3일 전까지 베라

망종이 지나면 보리가 더는 익지 않아 기다리지 말고 베라는 말이에요.

발등에 오줌 싼다

모내기와 보리 수확으로 정신없이 바쁜 망종에는 화장실에 갈 시간이 없어 발등에 오줌을 쌀 만큼 바쁘다는 말이에요.

10 하지

夏至

양력 6월 21일경

태양이 가장 높이 떠서 낮이 가장 길고, 밤이 가장 짧은 날이에요. 하지 이후로 기온이 점점 오르며 더워지는 절기예요. 하지에 비가 내리면 풍년이 든다고 믿어서 하지가 지나서도 비가 내리지 않으면 기우제를 지냈어요.

오빠, 오늘따라 태양이 더 높아 보이지 않아?

글쎄…. 난 잘 모르겠는데.

잘 보라고! 어제는 여기였는데, 오늘은 더 높잖아.

그런가?

우리 학선이가 관찰을 잘하는구나.

오늘은 하지로 태양이 가장 높이 뜨고, 낮의 길이가 가장 긴 날이란다.

아! 동지는 밤의 길이가 가장 긴 날인데. 하지와 동지는 반대네요.

하짓날은 감자 캐 먹는 날이고 보리 환갑이다

하지에는 감자 수확도 하고, 두 번째 보리 수확도 하는 때라는 말이에요.

소서

小暑

양력 7월 7일경

작은 더위라 하여 본격적인 더위가 시작되는 절기로 이때쯤 장마도 시작돼요. 참외, 수박, 자두처럼 여름 과일을 수확하기 시작하는 때이기도 하지요. 비가 많이 내려 잡초가 무성하게 자라나 잡초를 뽑고 뒤돌아서면 또 자라날 만큼 모든 것이 잘 자라요.

소서가 넘으면 새 각시도 모 심는다

'소서의 모는 지나가는 행인도 달려든다' 두 속담 모두 소서가 지나도록 모내기가 늦어져 너도나도 모내기를 돕는다는 말이에요.

심어 놓은 모가 잘 자라고 있구나.

아버지, 저기 아직도 모를 심고 있어요.

그렇구나. 어르신들께 인사하러 가자꾸나.

어르신, 모내기가 많이 늦었습니다.

그래서 마음이 급하다네.

소서가 넘으면 새 각시도 모 심는다는데. 학아, 네가 좀 도와주련?

아버지, 잘 심었죠!

그렇구나. 하하하.

12 대서

大暑

양력 7월 24일경

큰 더위라는 뜻으로 뜨거운 김을 쐬는 것 같은 무더운 기운의 찜통더위를 느낄 수 있는 절기예요. 대서 전후로 삼복 중 초복과 중복이 있어 더운 여름을 보내며 약해질 수 있는 기운을 북돋우는 음식을 먹어요.

맴맴 맴맴

하늘 천, 땅 지…. 가마솥에 누룽지 박박 긁어서….

장마도 끝나고 너무 덥다.

어허! 학아, 군자는 학문을 게을리하면….

아버지, 날이 너무 더워서 공부가 안 돼요.

하기야 오늘이 1년 중 가장 덥다는 대서이니, 그렇겠구나.

이런 날은 더위를 피해 피서를 가야죠!

대서에는 염소 뿔도 녹는다

염소 뿔도 녹을 만큼 대서에는 무척 덥다는 말이에요.

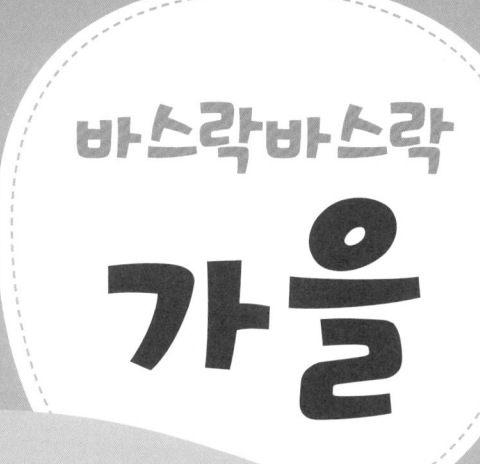

1장 입추 立秋
양력 8월 8일경

여름이 지나고 가을이 시작되는 절기예요. 하지만 아직까지는 더위가 남아 있어 덥게 느껴져요. 점차 아침저녁으로 시원한 바람이 불기 시작할 거예요. 이제 가을 농사를 준비해야 하는 때가 되었어요.

입추에는 날씨가 맑아야 풍년이 든다

입추에는 비가 적게 와야 쌀알이 여물고 잘 자란다는 말이에요. '입추 때는 벼 자라는 소리에 개가 짖는다'는 벼가 쑥쑥 잘 자란다는 말이에요.

14 처서

處暑

양력 8월 23일경

무더웠던 더위가 한풀 꺾이는 시기로 이름처럼 더위가 멈추는 절기예요. 이 시기에는 그동안 심고 가꾼 작물들이 무럭무럭 자라는 때로 농부들도 한숨 돌리며 잠시 쉴 수 있어요. 하지만 처서에 비가 내리면 흉작이 된다고 하여 입추 때처럼 비가 내리지 않기를 바랐지요.

처서에 장벼 패듯

장벼는 이삭이 팰 정도로 다 자란 벼를 말해요. 한꺼번에 쑥쑥 자라 무성하다는 말이에요.

"오늘도 하늘에 구름 한 점 없이 아주 쾌청하구나."

"이렇게 날씨가 좋으니 이삭이 꽉 차겠군. 추수 때까지 잘 자라다오."

"아버지, 탕후루 사 주세요!!"

"탕후루 가게가 있으려나?"

처서에 장벼 패듯 생겼던 가게들이 모두 문을 닫았단다.

"힝~. 먹고 싶은데…."

"동생아, 우리가 직접 만들면 되지."

"맛있겠다! 우리 오빠, 최고!!"

처서가 지나면 모기도 입이 비뚤어진다

아침저녁으로 시원한 바람이 부는 처서가 지나면 한여름 내내 번성했던 모기도 점차 사라진다는 말이에요.

15 백로

白露

양력 9월 8일경

밤 기온이 떨어지며 이슬이 맺히기 시작하는 절기예요. 과일과 곡식이 무르익어 가는 시기로 잠시 농사일에서 손을 놓고 쉴 수 있어요. 이때 여자들은 친정 나들이를 가기도 하고, 조상의 묘를 찾아 뜨거운 여름 무성하게 자란 풀을 정리하기도 해요.

8월 백로에 비가 오면 십 리 천 석을 늘린다

적당한 비는 알곡을 잘 여물게 해 백로에 비가 오면 풍년이 된다는 말이에요.

힝, 학선이도 없고 심심하다.

어머니도 보고 싶고.

이런 날 왜 비까지 내리는 거야?

지화자! 얼씨구!

아버지, 갑자기 왜 그러세요?

8월 백로에 비가 오면 십 리 천 석을 늘린다잖니. 올해도 풍년이구나~.

좋은 소식이네요. 지화자~.

7월 백로에 패지 않은 벼는 못 먹어도, 8월 백로에 패지 않은 벼는 먹는다

백로가 언제냐에 따라 추수까지 남은 시간이 달라져 벼가 익는 정도가 달라진다는 말이에요.

16 추분 秋分

양력 9월 23일경

밤과 낮의 길이가 같아지며 점차 밤이 길어지는 절기예요. 추분에는 여름내 정성껏 키운 곡식과 열매를 거둬들이는 가을걷이를 해요. 곧 다가올 추석 명절이 거두어들인 오곡백과로 풍성해질 거예요.

추분이 지나면 우렛소리 멈추고 벌레가 숨는다

추분이 지나면 완연한 가을로 접어들며 자연도 계절의 변화에 준비한다는 말이에요.

가을걷이 때는 부지깽이도 덤빈다

일손이 부족한 가을걷이 때는 너 나 할 것 없이 누구라도 나서서 일손을 거들어야 한다는 말이에요.

한로
寒露

양력 10월 8일경

기온이 떨어져 선선해지며 찬 이슬이 맺히기 시작하는 절기예요. 철새들도 여름새와 겨울새가 바뀌는 때이기도 해요. 사람들은 더 추워지기 전에 가을걷이를 마무리하느라 정신없지만 추수로 마음까지 풍성해요.

앗! 차가워.

언제 이렇게 이슬이 차가워졌지?

백로 때만 해도 이슬이 예쁘게만 보였는데.

어느덧 완연한 가을이 다가왔구나.

찬 이슬이 내리는 한로가 된 것을 보니.

그럼, 제가 오늘 한로를 제대로 맞았네요. 히히.

한로가 지나면 제비도 강남으로 간다

여름 철새인 제비는 한로가 지나면 추워지기 전 따뜻한 남쪽으로 이동한다는 말이에요.

18 상강 霜降
양력 10월 23일경

밤 기온이 매우 낮아지며 이슬이 서리가 되어 내리는 절기예요. 알록달록 단풍은 절정을 이루고, 가을을 대표하는 국화꽃도 활짝 피었어요. 지금처럼 과거에도 상강쯤에는 가을 나들이를 떠났다고 해요.

- 학선아, 눈이야. 눈이 내렸어.
- 10월에 눈이라니? 무슨 소리야?
- 저길 봐. 하얗게 덮여 있잖아.
- 저건 눈도 아니고, 얼음도 아닌 것 같은데…. 저게 뭐지?
- 저건 서리란다. 대기 중 수증기가 얼어서 물체 표면에 얼어붙은 것이지.
- 상강이 되니 서리가 내렸구나.
- 아~, 그래서 하얗게 보였군요.
- 이제 왜 할머니 머리에 서리가 앉았다고 표현하는지 알 것 같아요.

상강 90일 두고 모 심어도 잡곡보다 낫다

늦게 심은 벼라도 잡곡보다 남는 이윤이 많다는 말이에요.

한 해 김치 맛은 상강에 달려 있다

상강이 지나야 배추와 무가 맛있어져 김치 맛이 상강에 달렸다고 말해요.

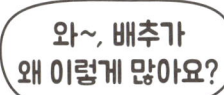
와~, 배추가 왜 이렇게 많아요?

김장할 배추란다. 1년을 두고 먹어야 하니 이것도 부족하지.

벌써 많이 컸는데. 김장은 언제 해요?

아직 더 자라야지.

한 해 김치 맛은 상강에 달려 있다는 말처럼 상강 서리를 맞아야 배추와 무가 맛있어지거든.

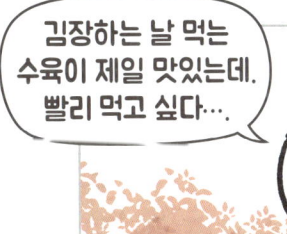
김장하는 날 먹는 수육이 제일 맛있는데. 빨리 먹고 싶다….

….

못 참겠다! 이거라도 먹어야지.

아삭 아삭

소복소복 겨울

19 입동

立冬

양력 11월 8일경

겨울이 시작되는 절기예요. 아직 겨울이라고 느껴질 만큼 기온이 떨어지지 않았지만, 동물들은 벌써 겨울잠을 자러 갔어요. 사람들도 겨우내 먹을 김치인 김장도 담그고 겨울 채비를 시작해요.

입동이 지나면 김장도 해야 한다

입동이 지나면 김장철이 되었다는 말이에요. 날씨가 추워져 배추와 무가 얼기 전에 서둘러 김장을 담가야 해요.

입동 전 보리씨에 흙먼지만 날려 주소

10월 중순부터 보리는 씨를 심어 파종하는데, 늦어도 입동 전에는 파종이 끝나야 한다는 말이에요.

20 소설

小雪

양력 11월 22일경

첫눈이 내린다는 절기예요. 지역에 따라 0도 이하로 기온이 떨어지기도 하고, 찬바람이 강해지며 첫 추위가 오기도 해요. 한겨울 먹거리와 함께 추운 겨울 따뜻한 잠자리를 만들어 줄 두툼한 솜이불도 준비해요.

소설 추위는 빚을 내서라도 한다

소설에는 추워야 보리가 풍년이 든다고 하여 풍년을 기원하는 마음이 담긴 말이에요.

소설에는 초순의 홑바지가 하순의 솜바지로 바뀐다

홑겹 바지가 솜바지로 바뀌게 될 만큼 소설이 지나며 기온이 뚝 떨어져 추워진다는 말이에요.

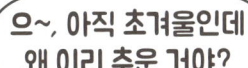

21 대설

大雪

양력 12월 8일경

많은 눈이 내린다는 절기예요. 바쁜 농사철도, 겨울 준비도 모두 끝내고 따뜻한 방 안에서 호호 군고구마를 구워 먹으며 추운 겨울을 지내요. 대설에 눈이 많이 내리면 다음 해에 풍년이 온다고 해요.

대설에 보리 뿌리가 왕겨를 뚫는다

추운 겨울에 뿌리를 내리는 보리처럼 어떤 어려움이라도 이겨낼 수 있다는 말이에요.

눈은 보리의 이불이다

내린 눈이 보리를 덮어 찬 바람을 막아 주는 역할을 한다는 말이에요.

동지

양력 12월 22일경

태양이 가장 낮게 떠서 1년 중 밤이 가장 길고 낮이 가장 짧은 절기예요. 동지 이후 낮이 점점 길어지지요. 동지에는 팥죽을 쑤어 먹었는데, 팥이 나쁜 귀신이나 액운을 쫓는다고 생각하여 마당이나 문 앞에 뿌리기도 했어요.

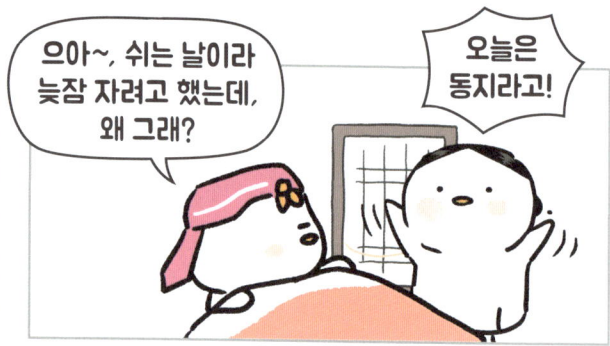

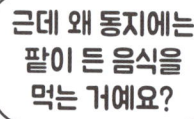

동지 때 개딸기

철이 지나서 어디에서도 구할 수 없는 것을 바란다는 말이에요.

정성이 지극하면 동지섣달에도 꽃이 핀다

아무리 어려운 일이라도 정성을 다하면 꼭 이룰 수 있다는 말이에요.

학아, 뭘 하고 있느냐?

내일 시험 100점 받게 해 달라고 기도해요.

감기 걸리겠다. 그만 들어오렴.

소자, 여기서 포기할 수 없습니다.

정성이 지극하면 동지섣달에도 꽃이 핀다지 않습니까.

그럼 기도가 아니라 공부를 했어야지.

지금 공부하여 100점을 맞기에는 불가능하여…, 히히.

이놈아, 그렇게 조금만 놀고 공부 좀 하지.

23 소한

小寒

양력 1월 6일경

작은 추위라는 절기예요. 본격적으로 겨울 추위가 시작되는 시기로 보통 대한보다 소한이 더 춥다고 해요. 소한을 시작으로 겨울 한파가 몰아치며 두껍게 옷을 입어도 춥다는 말이 나오는 때예요. 1월에 든 첫 절기랍니다.

소한 추위는 꾸어다가라도 한다

소한 때는 반드시 춥다는 말이에요. '추운 소한은 있어도 추운 대한은 없다'는 대한이 더 추워야 하지만 보통 소한이 더 춥다는 말이에요.

24 대한

大寒

양력 1월 20일경

1년 중 가장 춥다는 절기예요. 하지만 소한이 더 추운 경우가 많지요. 지난해를 정리하고 곧 다가올 설 명절을 위해 설빔과 음식 등을 준비하는 시기예요. 추운 겨울이 빨리 지나가기를 바라며 새봄을 기다리지요.

우아~~.

학선아, 웬 호들갑이야?

오빠, 이것 좀 봐!

눈 속에서 새싹이 돋다니 대단하다.

가장 춥다는 대한에 참, 기특하구나.

남은 겨울도 잘 견뎌 주렴.

잘 자라라!!

자연은 벌써 부지런히 봄을 준비하고 있구나.

대한이 소한의 집에 가서 얼어 죽는다

소한이 대한보다 더 춥다는 말이에요. '소한의 얼음 대한에 녹는다'도 같은 뜻을 가진 속담이에요.

아버지, 대한이 소한의 집에 가서 얼어 죽는다가 무슨 말이에요?

절기의 뜻으로 보면 대한이 소한보다 추울 것 같지만, 사실은 소한이 훨씬 춥다는 의미란다.

아! 저도 비슷한 속담 알아요.

소한의 얼음 대한에 녹는다, 맞죠?

그렇단다. 모두 소한이 대한보다 춥다는 뜻이지.

오빠! 지난번에 한 약속은 안 잊었겠지?

초판 발행 2025년 6월 20일
초판 인쇄 2025년 6월 13일

글·그림 무웅

펴낸이 정태선
펴낸곳 파란정원
출판등록 제395-2010-000070호
주소 서울특별시 은평구 가좌로 175, 5층
전화 02-6925-1628 | **팩스** 02-723-1629
제조국 대한민국 | **사용연령** 8세 이상 어린이
홈페이지 www.bluegarden.kr | **전자우편** eatingbooks@naver.com
종이 다올페이퍼 | **인쇄** 조일문화인쇄사 | **제본** 경문제책사

글·그림ⓒ2025 무웅

ISBN 979-11-5868-301-6 74000
         979-11-5868-300-9(세트)

이 책은 저작권법에 따라 보호받는 저작물이므로 무단 전재와 무단 복제를 금지하며,
이 책 내용의 전부 또는 일부를 이용하려면 반드시 저작권자와 파란정원(자매사 책먹는아이·새를기다리는숲)의
동의를 얻어야 합니다.
※잘못된 책은 구입하신 서점에서 바꿔 드립니다.